MÉMOIRE

AU SUJET

DES FORMALITÉS ET DES FRAIS DE VENTES

JUDICIAIRES

ADRESSÉ

A MESSIEURS LES SÉNATEURS, DÉPUTÉS ET MINISTRES.

PAR LES DÉLÉGUÉS DES NOTAIRES DES DÉPARTEMENTS

Dans leur Assemblée générale du 4 octobre 1882.

VENTES ET PARTAGES JUDICIAIRES

PARIS

IMPRIMERIE CHARLES SCHLAEBER

257, Rue Saint-Honoré, 257

1882

MÉMOIRE

AU SUJET

DES FORMALITÉS ET DES FRAIS DE VENTES

JUDICIAIRES

ADRESSÉ

A MESSIEURS LES SÉNATEURS, DÉPUTÉS ET MINISTRES.

PAR LES DÉLÉGUÉS DES NOTAIRES DES DÉPARTEMENTS

Dans leur Assemblée générale du 4 octobre 1882.

VENTES ET PARTAGES JUDICIAIRES

*Articles 953 à 965 du Code de procédure civile,
titres VI et VII, livre II.*

TITRE I.

Nécessité de modifier la loi.

Les formalités imposées pour les ventes et partages judiciaires sont longues et coûteuses.

Elles peuvent être simplifiées.

Sans faire, comme on le propose, une loi d'exception, et si le budget ne permet aucun sacrifice, le coût de ces formalités peut être mieux réparti, en proportionnant aux prix tout ce qui revient au Trésor.

Tel est le double but de ces observations.

Les dispositions du Code de procédure au sujet des ventes et partages ont, dès le principe, donné lieu à des plaintes. Les inconvénients en étaient tellement reconnus que la Hollande, puis la Belgique, s'empressèrent de modifier, en la simplifiant, cette partie de notre législation, tout en conservant les autres.

Le 1er décembre 1873, l'Alsace et la Lorraine, à peine arrachées à la France, reçurent une loi qui réduisait encore les formalités et diminuait les frais.

De nombreuses pétitions émanées de personnes autorisées, votées par des conseils d'arrondissement et des conseils généraux, sont venues et viennent encore, chaque année, réclamer une réforme dont l'équité, la nécessité même, ne sont pas contestées.

Dans leurs rapports annuels sur l'Administration de la justice civile, MM. les Gardes des sceaux ont signalé la longueur et l'excès des formalités, ainsi que la situation inégale des contribuables vis-à-vis des frais, dont les 5/14 sont un impôt appliqué en raison inverse de l'importance des valeurs à sauvegarder.

Plusieurs tentatives ont été faites. En 1841, une loi est même intervenue, mais elle a fait et fait encore l'objet des incessantes et trop légitimes réclamations produites, depuis cette époque, avec une insistance croissante et auxquelles il importe de donner une sérieuse satisfaction. En 1851, et surtout en novembre 1867, des réformes profondes ont été projetées et étudiées ; à cette dernière date un projet de loi était proposé, les événements de 1870 ne permirent pas d'y donner suite. Survinrent ensuite les votes d'impôts de 1871 à 1874, qui augmentèrent le coût des formalités par les décimes et aggravèrent le mal signalé.

On demandait une réforme complète. Il suffisait de reprendre les projets de 1867. Cette mesure équitable, digne d'occuper un parlement, rencontra des obstacles. Cependant, il faut une solution ; il est donc indispensable de la chercher, malgré les résistances qui se produisent.

M. le Garde des sceaux, dans son rapport sur la justice civile de 1821 à 1880 (*Officiel* du 18 août 1882, p. 4595), s'exprime ainsi :

« Les vices de la législation de 1841 n'avaient pas tardé à frapper
» l'attention des jurisconsultes, mais ce ne fut que vers 1856 que le
» Gouvernement étudia le moyen d'y remédier. Plus tard, la Commis-
» sion avait préparé un nouveau tarif, mais on attendit, pour le sou-

» mettre au Corps législatif, que le travail d'ensemble fût terminé,
» ce qui n'arriva qu'en 1868. Le Conseil d'Etat était saisi du projet com-
» plet de réforme du Code de procédure civile, quand survinrent les évé-
» nements de 1870-1871, et l'incendie du palais du Conseil d'Etat, qui
» fit disparaître tous ces documents (1). Le Gouvernement a présenté
» aux Chambres, en 1877 et 1881 (2), de nouveaux projets sur les
» ventes judiciaires d'immeubles, qui sont venus se joindre à des pro-
» positions dues à l'initiative parlementaire (3). La Chambre des dépu-
» tés a voté, dans sa séance du 29 juin dernier (1882), une loi qui
» aura pour effet de réduire de quatre cinquièmes les frais dans les
» ventes dont le prix ne dépassera pas 2,000 fr. (4) ».

C'est cette loi, aujourd'hui soumise au Sénat, que nous considérons
comme insuffisante et comme contraire aux principes d'égalité et de
répartition proportionnelle qui doivent être de plus en plus appliqués.

---

(1) Le projet de loi des ventes judiciaires d'immeubles, des partages et
de la purge des hypothèques a été présenté à la Chambre des députés
en novembre 1867. On peut le trouver dans les archives parlementaires
ainsi que les observations et amendements, qui se produisirent dans les
Commissions.

(2) Le premier projet de mesure partielle, incomplète et restreinte, a
été présenté par M..Dufaure à la Chambre des députés, le 17 mai 1876.
Il avait été précédé d'une proposition de loi de MM. Mayet et Pierre Blanc,
députés, déposée le 24 mars 1876. La dissolution de 1877 annula ces dé-
pôts, il fallut les reprendre.

(3) En janvier 1878, M. Dufaure a de nouveau déposé son projet de
1876.

Le 9 mars suivant, M. Turquet, député, a remis sur le bureau de la
Chambre un projet général de réforme.

Ces projets sont venus devant la Commission, avec un amendement de
M. Lanel, produit le 10 décembre 1878.

Mais, ainsi que cela résulte de l'examen des discussions et des rapports.
tout en reconnaissant la réforme générale nécessaire, la Commission
l'écarta, et ce fait serait, selon nous, un grand préjudice porté à l'intérêt
général, si le Sénat ne faisait prévaloir aujourd'hui cette réforme, en substituant au projet actuel de plus larges mesures.

La fin de la législature survint, alors que le projet voté par la Chambre
allait être rapporté au Sénat (1881, août).

(4) M. Cazot, Ministre de la justice, a reproduit le même projet, le 26 novembre 1881, devant la Chambre nouvelle, élue en septembre 1881 ; c'est
ce projet amendé qui est en ce moment soumis au Sénat.

Ces principes féconds sont, en effet, destinés à résoudre la plupart des problèmes des impôts et à donner à l'État des ressources en rapport avec la prospérité générale.

TITRE II.

1er. — *Questions à résoudre. — Documents. — Compte rendu de la justice civile (1826 à 1880).*

Les inconvénients signalés sont de deux sortes :

1° *Les formalités.* — Elles sont longues, elles sont nombreuses et trop dispendieuses. Est-il possible d'en supprimer quelques-unes ? est-il possible d'en abréger la durée ?

C'est par l'étude attentive des articles 953 à 965 du Code de procédure civile que l'on parviendrait à réduire ces formalités. L'amendement présenté par M. Lauel, le 10 décembre 1878, contient tout ce que nous aurions à proposer à ce sujet ; nous le reproduisons ci-après, comme un projet de loi auquel il faudrait donner la préférence sur tous les autres. C'est ce projet seul, sauf examen en quelques parties qui pourrait donner une large satisfaction à toutes les réclamations et à tous les intérêts au point de vue de la rapidité, de la facilité et de l'élévation du montant du prix des ventes, ainsi que de l'exécution des partages.

2° *Les frais.* — Il faudrait pouvoir les diminuer ; ils le seraient de plus de moitié (1) par la simplification des formalités ; mais l'opinion publique réclame plus : c'est qu'au moins l'impôt perçu par le Trésor soit proportionnel aux valeurs engagées. Nous donnerons la solution de cette question, soit que l'on retarde, quant à présent, la réforme des formalités, soit qu'on les simplifie de suite.

---

(1) On estime que, dans les frais s'élevant en moyenne à 647 francs, il revient au Trésor environ les 5/14, ou 36 0/0.

D'après les tableaux ci-après, nous trouvons 622 fr. 97 pour moyenne des frais, soit 13,949,776 francs pour 21,551 ventes.

Le compte rendu de la justice civile de 1880, dont nous avons déjà parlé, reproduit, comme ceux qui l'ont précédé, mais pour de plus longues périodes, les résultats de la procédure des ventes. Il importe de détacher, des tableaux statistiques qui s'y trouvent, les chiffres qui doivent nous préoccuper, à cause des inconvénients qu'ils mettent en relief, et ceux qui nous permettront de justifier une répartition différente des impôts.

§ 2. — *Nombre annuel et nature des ventes judiciaires.*

Dans le compte rendu de la justice civile, du 19 novembre 1877 (*Officiel*) se trouve ce tableau :

NOMBRE DES VENTES

1872	1873	1874	1875	1876	1878	1880
27,234	24,302	22,644	21,723	21,333	21,148	21,551

moyenne de 1876 à 1880.

Les différences en moins se manifestent à partir de 1873 ; elles portent surtout sur les petites ventes ; il semble évident qu'elles ont été causées par l'augmentation des décimes sur les droits de timbre, d'enregistrement, etc., en 1872 et années suivantes.

La moyenne de 21,551, de 1876 à 1880, annonce une tendance de reprise ; nous n'avons ni 1877 ni 1879 (*Officiel* du 18 août 1882).

Les prix totaux produits annuellement par les ventes vont en augmentant, si on les additionne par groupes de cinq années, et c'est ce qui nous a autorisés, tout à l'heure, à dire que les diminutions du nombre des ventes avaient porté surtout sur les petites. Voici les chiffres :

De 1841 à 1845.	193,865,735 fr.
1846 à 1850.	221,216,740
1851 à 1855.	227,434,843
1856 à 1860.	219,690,444
1861 à 1865.	254,363,863
1866 à 1870.	274,252,010
1871 à 1875.	332,189,476
1876 à 1880.	360,156,653

Le tableau suivant donne la nature des 21,551 ventes, nombre moyen, 1876-1880, pour une année :

Désignation.	A la barre.	Devant notaire.
Saisies immobilières sans conversion. .	5.507	»
Après conversion.	439	775
Surenchères sur aliénations volontaires.	428	9
Biens de mineurs ou d'interdits. . . .	377	1.272
Licitations.	4.123	6.402
Biens dépendant de successions bénéficiaires.	268	604
Biens dépendant de successions vacantes.	158	141
Immeubles dotaux.	28	48
Biens de faillis.	477	292
Autres ventes : absents, délaissés, etc.	99	104
	11.904	9.647

21.551

NOMBRE PROPORTIONNEL SUR CENT VENTES

DÉSIGNATION	1841 à 1845	1846 à 1850	1851 à 1855	1856 à 1860	1861 à 1865	1866 à 1870	1871 à 1875	1876 à 1880
500 et moins .	7	8	8	7	6	5	5	5
501 à 1.000.	8	9	10	10	8	7	7	7
1.001 à 2.000.	15	16	17	16	14	14	13	13
2.001 à 5.000.	26	27	27	27	27	27	27	26
5.001 à 10.000.	18	18	17	17	19	20	20	20
Plus de 10.000.	26	22	21	23	26	27	28	29
	100	100	100	100	100	100	100	100

Ce tableau indique également que la diminution des nombres porte sur les petites ventes jusqu'à 2,000 fr.

FRAIS DES VENTES

ANNÉES	PAYÉS EN SUS	PAYÉS SUR LES PRIX	TOTAL
De 1862 à 1865..	5.223.819	3.540.191	8.764.010
1866 à 1870..	5.613.504	4.052.745	9.666.249
1871 à 1875..	7.576.763	5.580.475	13.157.238
1876 à 1880..	7.926.373	6.023.403	13.949.776

Nous supposons que dans les prix de vente relatés plus haut, les frais payés en sus du prix ont été ajoutés aux prix, et que les frais payés sur les prix n'en ont pas été retranchés, car, en achetant l'acquéreur en tient compte dans la valeur qu'il attribue à son acquisition.

Nous faisons remarquer encore que les frais, qui comprennent les droits du Trésor et les déboursés, honoraires et salaires, ont été en 1880 d'environ 13,949,776 fr. pour la totalité des ventes dont le prix a été de 360,156,653.

Nous avons dit ci-dessus dans une note que, dans les 13,949,776 fr. de frais préliminaires, on pouvait estimer aux 5/14 environ de cette somme, la part revenant au Trésor, à titre d'impôt de timbre, enregistrement, greffe et hypothèque, et qu'en acceptant le sacrifice de 700,000 francs consenti par le budget, on pouvait évaluer cette part à 4,282,069, ce qui, pour les 360,156,653 montant des prix de ventes annuelles, donnerait 1 fr. 325 par 100 fr. environ, soit un droit principal de 1 fr. 06, augmenté de deux décimes et demi.

Nous reproduisons encore un tableau très utile pris dans le même rapport.

IMPORTANCE DES VENTES

MONTANT MOYEN DES PRIX D'ADJUDICATION

ANNÉES.	500 et moins.	501 à 1,000	1,001 à 2,000	2,001 à 5,000	5,001 à 10,000	10,001 et au-dessus.
1862-1865	272	757	1.387	3.308	7.122	48.378
1866-1870	288	762	1.508	3.315	6.671	45.407
1871-1875	293	760	1.531	3.344	7.093	44.132
1876-1880	283	754	1.476	3.302	7.117	49.088

MONTANT MOYEN DES FRAIS PAR VENTE

ANNÉES.						
1862-1865	325	344	366	411	493	848
1866-1870	328	339	377	422	505	828
1871-1875	354	374	403	468	564	921
1876-1880	392	410	451	500	603	1.000

MONTANT MOYEN DES FRAIS PAR 100 FR. DU PRIX

1862-1865	119 57	45 45	24 51	12 44	6 92	1 75
1866-1870	113 98	44 80	24 99	12 73	7 39	1 86
1871-1875	121 55	40 23	26 43	13 99	7 96	2 10
1876-1880	137 89	54 37	30 51	15 15	8 46	2 06

Ce tableau montre que la règle qui a été adoptée de frapper de droits fixes les formalités, sans avoir égard à l'importance des valeurs, est mauvaise; l'excès où elle conduit de réclamer 137 89 pour cent du prix, c'est-à-dire plus que la valeur, à l'extrémité de l'échelle, et de ne demander que 2 fr. 06 pour les ventes de plus de 10,000, impose la recherche d'un autre mode de répartition.

Ce n'est pas en faisant des exceptions par catégories, comme dans le projet actuel, que l'on parviendra à l'équité; il y aura toujours des soubresauts qui se manifesteront d'une manière trop violente de la fin d'une catégorie au premier chiffre de la classe suivante.

C'est par une proportion uniforme, en rapport avec le prix obtenu, se suivant de 20 fr. en 20 fr. comme pour l'enregistrement, que l'on parvient à une solution acceptable.

Il est équitable que la protection de la société, pour ceux que l'incapacité atteint ou que la minorité rend impropres à diriger leurs affaires, reçoive une rémunération; l'impôt qui la représente est dans l'état actuel en raison inverse des prix, et c'est là le mal signalé; l'impôt doit être appliqué en raison directe des prix, dans la même proportion partout, c'est-à-dire au moyen d'un coefficient unique s'appliquant à tout ce qui, dans les frais, est un impôt, soit un droit de 1 fr. 06 environ de principal, plus les décimes sur les prix des adjudications.

TITRE III.

Projet de loi soumis au Sénat (août 1882).

Repris en 1882, ce projet a donné lieu à un rapport de M. Rameau, inscrit à l'*Officiel* en avril 1882 (p. 860, Doc. parlem.).

Le 28 mars 1882, il a été adopté en première lecture et renvoyé à la commission du budget, qui, par l'organe de son rapporteur, a évalué à

700,000 fr. la diminution des droits qui en résulterait pour le Trésor (séance du 10 juin 1882, annexe n° 938, *Officiel*, p. 1600, juin 1882, Doc. parlem.). Elle a consacré cette réduction d'accord avec M. le Ministre des finances.

Comme nous l'avons déjà dit, le projet adopté en seconde lecture, le 29 juin 1882, a été présenté par M. le Garde des sceaux au Sénat, le 24 juillet 1882 (1).

De l'aveu même des partisans du projet, il n'est qu'un expédient. Nous ajoutons que, s'il était voté et qu'il fallût l'appliquer, il donnerait lieu à des difficultés, des pertes de temps, des écritures, des perceptions et des restitutions que, dans la pratique on a ordinairement le soin de prévoir pour les éviter et non pour les admettre.

C'est qu'en effet on a bien cherché à alléger certaines ventes, et en cela l'effort est louable, mais le respect que mérite cet effort ne doit pas conduire à négliger un autre moyen qui ne réclame ni plus de temps pour être voté, ni plus de sacrifices ; qui sera plus intelligible, plus facilement applicable et bien mieux accueilli. .

La nécessité où l'on a été de faire douze paragraphes, pour les articles, suffisait à elle seule pour prévenir que la méthode était compliquée. Ordinairement, aussitôt le cahier des charges terminé, il ne reste plus pour les vendeurs qu'une seule chose incertaine, le prix, qui se dévoile en s'agrandissant avec les enchères. Ici ce sera à grand'peine si aux environs de 1,000 fr. et de 2,000 fr. on pourra désirer des enchères, et même l'adjudication prononcée, il faudra un calcul assez long et par conséquent soumis à des erreurs, à des contestations, pour fixer ce qui revient aux vendeurs.

Une différence de 20 fr. dans les enchères aux approches de 1,000 fr. et de 2,000 fr., loin d'être un avantage pour les vendeurs, sera un préjudice ; les frais s'élevant subitement du quart à la moitié, de la moitié à plus du double, ces enchères s'arrêteront.

Sans entrer ici trop profondément dans l'examen et la critique de ce projet, ce qui n'est ni le lieu ni le moment, nous devons cependant en signaler les vices principaux. Ainsi :

---

(1) La commission nommée le 8 août est composée de : MM. Célestin Lagache (Oise), président, Bozérian (Loir-et-Cher), secrétaire, Munier Rhône), Béranger (inamov.), Cazot (inamov.), Marcel Barthe (Basses-Pyrénées), Gazagne (Gard), Carquet (Savoie), Oudet (Doubs). Ce projet est inséré *in extenso* dans la circulaire n° 177 du Comité

L'art. 1ᵉʳ, § 3, ne s'explique pas sur le privilège des frais, sur l'inscription d'office qui devra sans doute être prise au double profit du vendeur et de l'avoué, ni sur la mainlevée que celui-ci devra en donner.

L'art. 2, § 1ᵉʳ, ne parle pas de la folle enchère.

L'art. 2, § 2, au lieu de trancher, favorablement à la diminution des frais, la question douteuse en jurisprudence née de l'art. 953 du C. de pr., la résout dans le sens contraire, en consacrant une exception.

L'art. 2, § 3, comprend-il bien tous les frais exclusivement faits pour la vente et ceux de surenchère et de folle enchère?

Le cahier des charges pour toutes ces hypothèses et ces variations de frais sera allongé; ce sont des complications et des écritures à éviter.

L'art. 3 contient dans ses paragraphes des différences d'application.

L'art. 4 demande aussi quelques corrections.

L'art. 6 ne donne également qu'une satisfaction bien incomplète aux résultats des comptes de la justice, en ce qui concerne les renvois des ventes devant notaire, renvois qu'il faut dans l'intérêt des parties étendre et non restreindre. On sait en effet que les ventes renvoyées devant notaire sont plus rapidement terminées; que, produisant des prix plus élevés, elles sont moins sujettes à des surenchères; qu'enfin elles présentent une réelle économie et des avantages certains, non seulement dans les frais normaux, mais encore par la possibilité de l'intervention, soit au cahier des charges, soit au moment de l'adjudication, des créanciers et des femmes mariées qui ont des droits réels sur les immeubles et peuvent les en affranchir.

M. le Garde des sceaux a reproduit en 1882 des observations analogues à celles de ses prédécesseurs au sujet des renvois des ventes devant notaire :

« On remarque aussi, dit-il, que de 1841-1845 à 1876-1880, la moyenne des ventes confiées aux notaires a plus que doublé. Il y a lieu d'applaudir à cette progression, car les adjudications qui ont lieu à proximité de la situation des biens s'effectuent plus avantageusement. L'usage de renvoyer les ventes devant les officiers publics existe surtout dans le Nord de la France, la proportion y atteint 58 p. 100, quand pour les dix Cours méridionales on ne compte que 8 p. 100. »

Au sujet de la durée des procédures, M. le Garde des sceaux reproduit aussi cette observation :

« Les huit dixièmes des adjudications définitives faites par les notaires ont lieu dans les trois mois du dépôt du cahier des charges.

Pour les ventes terminées à la barre des tribunaux, la proportion n'est que des deux tiers; la cause de cette différence est sans doute dans la nature même des ventes. »

Les conseils de famille et les vendeurs demandent généralement en effet que les ventes soient renvoyées devant les notaires, ils y trouvent les avantages relatés plus haut.

Il y aurait donc lieu, non seulement comme le projet le fait, art. 6, de consacrer le renvoi des petites ventes devant les notaires, quand la majorité des intéressés le réclame, mais encore de prendre la même disposition pour toutes les ventes judiciaires, lorsqu'il y a majorité de la part des vendeurs en faveur de ce renvoi.

Nous reproduirons cette disposition dans les propositions ci-après.

Ces brèves observations trop justifiées que nous avons succinctement indiquées conduiront, nous l'espérons du moins à abandonner le projet.

TITRE IV.

Projet de loi modifiant les articles 953 à 965, du Code de procédure civile.

Notre première proposition, qui devrait être préférée à toute autre et qui pourrait déjà avoir été fort avancée, est d'avoir égard aux réclamations produites. Elles portent très nettement sur la longueur des formalités, sur l'inutilité d'un certain nombre ; en les diminuant, les frais diminuent,

Et à ce sujet la reprise du projet de M. Turquet amendé par M. Lanel et déposé à la Chambre des députés le 10 sept. 1878 se présente en première ligne; nous l'avons attentivement étudié, nous le reproduisons ici, comme digne de la plus sérieuse attention.

Projet Lanel déposé comme amendement à la proposition Turquet.

ARTICLE PREMIER.

Le titre VI du livre II de la seconde partie du Code de procédure, sur la vente des biens immeubles appartenant à des mineurs, sera remplacé par les dispositions suivantes :

ART. 953.

La vente des immeubles appartenant à des mineurs ne pourra, dans les cas prévus par l'article 457 du Code civil, avoir lieu qu'après avoir été autorisée par un Conseil de famille.

La délibération énoncera les motifs qui doivent déterminer la vente, et elle en réglera le mode de publicité.

Selon le plus ou le moins d'importance des immeubles à vendre, il pourra être ordonné :

Que la vente reçoive une publicité plus grande que celle déterminée par l'article 958 ;

Que la copie des affiches sera insérée en entier ou par extrait dans l'un des journaux de l'arrondissement, ou à défaut, du département, autorisé à recevoir les annonces légales.

L'autorisation ne sera pas nécessaire, si les biens appartiennent en même temps à des majeurs et si la vente est poursuivie par eux. Il sera procédé alors conformément au titre des partages et licitations, sans préjudice de la disposition contenue dans l'article 961 ci-après.

ART. 954.

La même délibération déterminera le lotissement, la mise à prix de chacun des lots et l'emploi des fonds à provenir de la vente.

En cas de désaccord sur la mise à prix, le juge de paix commettra dans la délibération un ou trois experts, selon l'importance et la nature des biens, pour procéder à l'estimation totale ou partielle des immeubles.

Art. 955.

Si l'estimation a été ordonnée, l'expert ou les experts prêteront serment devant le juge de paix qui les aura nommés, à moins qu'ils n'aient été dispensés du serment par l'acte de leur nomination ; ils rédigeront ensuite leur rapport, qui indiquera sommairement les bases de l'estimation par chaque article, sans entrer dans le détail descriptif des biens à vendre.

Art. 956.

La délibération du Conseil de famille autorisant la vente sera soumise à l'homologation du Tribunal civil du lieu où la succession s'est ouverte. S'il y a eu expertise, le rapport des experts sera joint à la délibération. Le jugement sera rendu en la chambre du Conseil sur simple requête présentée par un seul avoué. Il n'en sera pas délivré d'expédition ; une copie du dispositif sera faite par le greffier à la suite de la délibération de famille et sur le même timbre.

La vente aura lieu publiquement ; il y sera procédé par le ministère d'un notaire que le Conseil de famille désignera à cet effet aux termes de la délibération autorisant la vente.

Si les immeubles sont situés dans plusieurs cantons, un notaire pourra être désigné dans chaque canton à l'effet de procéder à la vente.

Art. 957.

Les enchères seront ouvertes sur un cahier des charges dressé en minute par le notaire commis, un mois au moins avant la vente, et auquel seront annexés la délibération de famille dûment homologuée et, s'il y a lieu, l'original du rapport des experts.

Ce cahier contiendra :

1° L'énonciation de la délibération du Conseil de famille qui aura autorisé la vente ;

2° Celle du jugement d'homologation de cette délibération ;

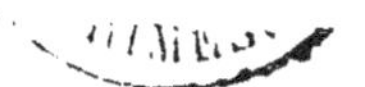

3° Celle des titres qui établissent la propriété ;

4° La désignation des biens à vendre, celles des corps d'héritages, de leur contenance approximative et de deux tenants et aboutissants au moins ;

5° L'énonciation des mises à prix et les conditions de la vente ;

6° L'indication des jours, lieu et heure de la vente.

Art. 958.

Le notaire désigné pour procéder à la vente rédigera et fera imprimer des placards qui contiendront :

1° L'énonciation de la délibération du Conseil de famille qui aura autorisé la vente ;

2° Celle du jugement d'homologation ;

3° Les noms, professions et domiciles du mineur, de son tuteur, de son subrogé tuteur, et, s'il est émancipé, de son curateur ;

4° La désignation et la mise à prix des biens telles qu'elles ont été insérées dans le cahier des charges ;

5° Les jours, lieu et heure de l'adjudication, ainsi que l'indication du notaire et de sa demeure.

Les placards seront affichés quinze jours au moins, trente jours au plus avant l'adjudication sur les bâtiments à vendre, s'il en existe, à la porte des mairies, sur les places publiques des communes de la situation des biens, et à la porte du notaire désigné pour procéder à la vente. L'apposition des placards aura lieu sans ministère d'huissier ; elle sera constatée par certificats des maires des communes où elle aura été faite.

Si le Conseil de famille l'a prescrit, copie ou extrait de ces placards sera, dans le même délai, inséré dans l'un des journaux indiqués par l'article 953. Il en sera justifié conformément à l'article 698.

Art. 959.

L'adjudication aura lieu en présence des parties intéressées ou elles dûment appelées.

Art. 960.

Si, au jour indiqué pour l'adjudication, les enchères ne s'élèvent pas à la mise à prix, le Conseil de famille qui aura autorisé la vente pourra, par une délibération prise à la majorité des voix, arrêter que les biens seront adjugés au-dessous de l'estimation ; l'adjudication sera remise par cette délibération à un délai fixe et qui ne pourra être de moins de vingt jours.

Cette adjudication sera indiquée par le même mode de publicité que la première, à moins que le Conseil de famille n'en ait prescrit un autre.

Il n'y aura pas lieu à homologation.

Art. 961.

Dans les cas prévus par les articles 457 et 827 du Code civil, si les immeubles sont indivis, soit entre mineurs, soit entre majeurs et mineurs, les parties, au lieu de poursuivre la licitation, pourront, lorsqu'elles seront d'accord à cet effet, faire procéder à la vente dans la forme réglée par le présent titre.

La prohibition contenue dans le premier paragraphe de l'article 711 du Code de procédure civile, ne s'applique pas aux membres du tribunal qui sont copropriétaires.

Art. 962.

Sont déclarés communs au présent titre, les articles 701, 733, 734, 735, 736, 737, 738, 739, 740, 741.

Les enchères pourront être faites par toute personne sans ministère d'avoué. Aussitôt que les enchères seront ouvertes, il sera allumé successivement des bougies préparées de manière que chacune ait une durée d'environ une minute. L'enchérisseur cesse d'être obligé si son enchère est couverte par une autre, lors même que cette enchère serait déclarée nulle.

L'adjudication ne pourra être faite qu'après l'extinction de trois bou-

gies allumées successivement. Si, pendant la durée d'une des trois bougies, il survient des enchères, l'adjudication ne pourra être faite qu'après l'extinction de deux bougies sans nouvelle enchère survenue pendant leur durée.

S'il y a folle enchère, le notaire délivrera un certificat constatant que l'adjudicataire n'a pas justifié de l'acquit des conditions de la vente et le fol enchérisseur pourra être condamné à tous dommages et intérêts envers les vendeurs.

ART. 963.

Dans les huit jours qui suivront l'adjudication faite conformément au présent titre, toute personne pourra former une surenchère du sixième en se conformant aux détails réglés par les articles 708, 709 et 710 ci-dessus.

La surenchère sera faite devant le notaire chargé de l'opération et par acte de son ministère. Elle devra être dénoncée par le surenchérisseur, dans les trois jours, aux adjudicataires par acte d'huissier.

Le notaire en donnera avis dans le même délai, aux vendeurs par simple lettre recommandée.

Si le surenchérisseur ne fait pas la dénonciation dans le délai ci-dessus prescrit, la surenchère sera nulle et il pourra être condamné à des dommages-intérêts envers les vendeurs.

En cas de difficultés, l'affaire sera portée devant le tribunal et jugée sommairement à bref délai.

Il sera procédé à une nouvelle adjudication par le notaire dans les formes et délais prescrits par les articles 958 et 959 ci-dessus et sous le bénéfice de l'article 710 du Code de procédure civile.

Lorsqu'une seconde adjudication aura lieu après la surenchère ci-dessus, aucune autre surenchère des mêmes biens ne pourra être reçue.

ARTICLE DEUXIÈME.

Le titre VII du livre II du Code de procédure sur les partages et licitations sera précédé des deux articles suivants :

Art. 964.

Lorsqu'il y aura lieu de procéder à la liquidation d'une succession et au partage des meubles et immeubles en dépendant, soit entre des mineurs, soit entre majeurs et mineurs, le Conseil de famille sera convoqué par le juge de paix sur la demande de l'une ou plusieurs des parties intéressées. Le Conseil autorisera les représentants des incapables à procéder à ces opérations à l'amiable devant le notaire qu'i désignera à cet effet.

La délibération devra contenir :

La désignation sommaire des immeubles à partager et leur estimation par article.

En cas de désaccord ou si la nature et l'importance des biens le comportent, le juge de paix pourra nommer d'office un ou trois experts pour faire cette estimation.

Ces experts prêteront serment devant le juge de paix, s'ils n'en sont dispensés par lui.

Une expédition de la délibération et le rapport des experts seront déposés au notaire commis, qui procédera au lotissement et au tirage au sort.

Il ne sera pas nécessaire de faire entrer dans chaque lot la même quantité de meubles, d'immeubles, de droits ni de créances.

Art. 965.

Le partage et la liquidation seront soumis à l'homologation du tribunal sur simple requête présentée par un seul avoué, comme il est dit au premier paragraphe de l'article 958 ci-dessus. Un extrait du jugement d'homologation, contenant seulement le dispositif, sera délivré par le greffier et déposé en l'étude du notaire, à la suite de la minute du partage ou de la liquidation.

En cas de difficulté, il sera procédé conformément aux articles suivants.

OBSERVATIONS

En comparant ces nouveaux articles à ceux du Code, on reconnaît que les intérêts des vendeurs sont suffisamment protégés, malgré l'abréviation des formalités. Les familles en cas d'accord ont plus de liberté, l'intervention des juges assure leur contrôle, la disposition sur les partages en diminue aussi les exigences actuelles, elle permet de former les lots d'une manière plus favorable à la situation de chaque copartageant, tout en laissant au tribunal, dont l'homologation est maintenue, son contrôle et sa surveillance.

L'adoption de ce projet n'empêcherait pas l'application de l'impôt proportionnel que nous proposons ci-après titre V pour remplacer les droits fixes d'enregistrement et de timbre perçus sur les formalités préalables, et dans ce cas la dépense occasionnée par ces formalités n'excéderait pas 70 à 170 francs pour les ventes inférieures 5,000 fr.; 170 à 220 francs pour celles de 5,000 fr. à 10,000 fr. ; 570 pour celles de 27,000 ; 870 fr. pour celles de 50,000 et au-delà 1,325 p. 100 sur ce qui excéderait le prix de 50,000 sans aucun sacrifice pour le Trésor.

TITRE V.

§ 1. *Mesures budgétaires*.

Nous considérons le projet transcrit dans le titre précédent comme répondant aux vœux exprimés dans les pétitions, en ce qui concerne la simplification des formalités et la notable réduction des frais qui en séraient la conséquence (1) ; mais cette réduction, portant sur les émoluments des officiers publics et ministériels et sur les droits de timbre, d'enregistrement, etc., auxquels donnent lieu les formalités de procédure préalables, a été le sujet d'objections persévérantes. Bien que, selon nous, elles eussent dû disparaître devant l'intérêt supérieur des incapables et devant l'équité, ces objections ont eu de tels appuis que le projet dont il s'agit a été ajourné ; que celui de M. Dufaure a été voté avec de légères modifications par la Chambre des députés, et qu'il est en ce moment soumis aux délibérations du Sénat.

Le rapide examen que nous avons fait de ce dernier projet n'est pas notre seul moyen de le combattre, nous voulons proposer une mesure générale, d'un autre ordre, indépendante des formalités, très équitable et facile à appliquer, soit que l'on simplifie la procédure, dès maintenant, ainsi que nous le trouvons nécessaire, soit que cette simplification subisse encore un retard.

Dans les discussions et dans les pétitions, il a été souvent répété que les frais des formalités devraient être en proportion directe de l'importance des prix d'adjudication. Dans la situation actuelle, nous

---

(1) Nous avons établi les frais dans l'état actuel et dans le cas de l'a-

— 21 —

proposons de n'appliquer cette mesure qu'à l'impôt revenant au Trésor pour timbre, enregistrement, greffe et hypothèque. C'est cet impôt qui serait réparti proportionnellement aux prix, au lieu d'être le même pour les ventes les plus minimes que pour les plus considérables ; ce qui pour les ventes de faible importance absorbe les prix, ruine l'incapable, et consacre une mesure injuste.

Les tableaux que nous avons transcrits ci-dessus nous donnent les éléments pour appliquer cette combinaison nouvelle.

Nous avons vu que les frais annuels des formalités préalables de toute sorte s'élèvent à 13,949,776 fr. La part du Trésor dans cette somme énorme est, à très peu de chose près, de 5/14es, ce qui donne 4,982,069 fr. En déduisant de ce chiffre les 700,000 fr., dont l'Etat

doption de la simplification par le projet de M. Lanel seul ; en voici le résumé :

| MONTANT DES FRAIS PRÉALABLES | | | | | | DIFFÉRENCE EN MOINS Résultant de la simplification des formalités | | |
| Sous la loi actuelle Procédure sans incident | | | Avec la simplification proposée Procédure sans incident | | | | | |
Trésor	Officiers	Total	Trésor	Officiers	Total	Trésor	Officiers	Réduction totale
VENTES JUDICIAIRES DE BIENS DE MINEURS								
N° 1.—Simple requête sans expertise, publicité restreinte, un seul avoué.								
127 38	224 15	351 53	66 31	62 75	129 06	61 07	161 40	222 47
N° 2.—Publicité plus étendue, procédure plus longue, trois avoués.								
188 36	373 02	561 38	89 66	127 41	217 07	98 70	245 61	344 31
N° 3.—Surenchères, procédure simple, sans incident.								
87 54	174 42	261 96	37 28	69 25	106 53	50 26	105 17	155 43
N° 4.—Partages et liquidations judiciaires, sans incident ni expertise.								
165 70	204 30	370 »»	58 38	42 51	100 89	107 32	161 79	269 11

consent à faire le sacrifice, il resterait 4,282,063 fr. C'est cet impôt, appliqué injustement par portions à peu près égales à toutes les ventes, sans distinction entre les plus minimes et les plus fortes qui doit être transformé, en le rendant proportionnel. Or, on obtiendrait plus que l'équivalent par un droit proportionnel de 1 fr. 06 pour cent, plus les deux décimes et demi, sur les prix de chaque vente judiciaire, sous le nom de *Droits sur les formalités préalables*. Cette perception se ferait avec l'enregistrement par une mention spéciale et elle peut être calculée, quant à présent, sur les 360,156,653 fr., montant moyen et annuel des ventes de 1876 à 1880, ce qui produirait 4,572,075 fr. supérieurs aux 4,282,063 ci-dessus.

Nous donnons ci-après un tableau récapitulant les frais dans les diverses hypothèses.

Jusqu'à 27,000 francs les frais dans les trois cas de réforme, seraient moindres qu'aujourd'hui.

Avec le projet financier seul, ni le Trésor, ni les officiers ne subissent de réduction. Jusqu'à 27,000 francs, les frais partant de 255 francs pour une vente de 283 francs, s'élèvent progressivement à 1,000 francs; au delà de 27,000 francs, on ajoute 1,06 % plus les décimes sur l'excédent de 27,000 francs.

Le projet Lanel, appliqué seul, réduit les frais de toute nature. Les plus petites ventes supportent 130 francs, la progression atteint 300 francs pour les ventes de 27,000 francs, sauf les publications extraordinaires.

Les deux projets réunis, c'est-à-dire le projet Lanel, amendé par la réserve de toutes les ressources conservées au Trésor, réduit les frais qui sont au départ de 70 francs et arrivent à 570 francs pour les ventes de 27,000 francs. Au delà de 27,000, on ajoute 1.06 % plus les décimes sur l'excédent de 27,000 francs.

Dans les deux applications du projet financier ce sont les ventes de plus de 27,000 francs qui restituent au Trésor les réductions qu'il subit sur les ventes d'un prix inférieur à 27,000.

VENTE DE	500 et moins	501 à 1000	1001 à 2000	2001 à 5000	5001 à 10000	Vente de	au delà de 27000
Moyenne des prix	2ș3	754	1.476	3.302	7.117	27.000	»
Frais actuels moyens.	392	410	451	500	603	1.000	1.000
Frais avec le projet financier seul.	255	274	309	365	483	1.000	ajouter 1,06 p 100 plus les décimes sur l'excédent de 27,000.
Frais avec le projet Lanel seul.	130	150	190	2:0	260	300	300
Frais avec les deux projets réunis.	70	90	120	170	220	570	ajouter 1.06 p.100 plus les décimes sur l'excédent de 27,000.

Il résulte de ces chiffres :

Que si la simplification du projet Lanel était admise seule, les frais sur toutes les ventes seraient inférieurs à la moitié de ce qu'ils sont actuellement, le Trésor et les officiers étant soumis aux conséquences de cette mesure supérieure.

Qu'avec la transformation de l'impôt en un droit proportionnel et avec les procédures actuelles, en maintenant les émoluments et l'impôt à leurs quotités, les frais des petites ventes seraient bien diminués, quoique croissant depuis les ventes de cent francs jusqu'à celles de 27,000 fr. Que les ventes seules au-dessus de 27,000 fr. seraient chargées de 1 fr. 325 par 100 fr. sur tout ce qui excéderait 27,000 fr.

Qu'enfin, en adoptant les deux systèmes réunis, les frais varieraient de 70 fr. à 200 fr. ou 300 fr. jusqu'à 10,000 et pour les prix au delà de 10,000 il serait ajouté quelques frais de publicité et un droit de 1 fr. 325. décimes compris par chaque 100 fr. dépassant les 10,000, la quotité du Trésor restant ce qu'elle est aujourd'hui.

§ 2. — *Mesures législatives.*

Les dispositions à prendre pour mettre de suite à exécution la répartition proportionnelle des frais, se réduisent à trois points :

1° Toutes les formalités des ventes judiciaires, jusques et y compris le cahier des charges et aussi y comprises celles possibles de surenchère et de folle enchère, seront exemptées de timbre, d'enregistrement, de greffe et d'hypothèque. Ceux ci seront mentionnés pour ordre en débet sur les formalités accomplies et écrites sur papier libre.

2° Le Trésor pour se couvrir percevra sur les prix d'adjudication un droit proportionnel de 1 fr. 06 p. 100, plus les deux décimes et demi sous le nom de *Droits sur les formalités préalables*.

3° Il n'est rien innové en ce qui concerne le paiement des déboursés et honoraires revenant aux fonctionnaires, officiers et employés qui auront accompli les formalités.

TITRE VI.

Conclusions.

Nous résumons ce mémoire en quelques lignes, qui en même temps lui serviront de table.

Titre I. — Nécessité de modifier les art. 953 à 965 du Code de procédure civile. Modifications déjà faites en Hollande, en Belgique, en Alsace-Lorraine. Tentatives en France. Projet critiqué actuellement soumis au Sénat. P. 1 à 6.

Titre II. — Résultats statistiques de la Justice civile. Conséquences à en déduire. Perception proportionnelle de l'impôt s'élevant à environ quatre millions et demi compris dans la totalité des frais préalables. Cette proportion est de 1 fr. 06 pour cent francs plus les décimes· P. 6 à 10.

Titre III. — Examen du projet de loi soumis au Sénat. Nécessité et possibilité de l'abandonner, en y substituant d'autres mesures. P. 10 à 13.

Titre IV. — Simplification des formalités dans les ventes et partages judiciaires, nouvelle rédaction des articles 953 à 965 du Code de procédure civile. Tableau de la diminution des frais. Ce projet est celui qu'il faudrait de suite mettre en délibération. P. 13 à 20.

Titre V. — Soit que le projet précédent reçoive son exécution, soit qu'il éprouve un retard, mesure budgétaire à prendre immédiatement en remplacement du projet Dufaure e présentant à un plus haut degré les caractères de généralité, d'efficacité, d'équité et de facilité. Droit uniforme de 1 fr. 06 pour cent sur les prix d'adjudication des ventes judiciaires plus les décimes. Mesures législatives simples à prendre de suite sauvegardant les intérêts du Trésor et donnant déjà de larges satisfactions. P.20 à 23.

Nota. — Au moment où nous allions distribuer ce mémoire, l'un de nos collègues nous communique une pétition, adressée le 22 juin 1876, par M. Martin Martinière, avoué à Cherbourg à M. le président de la République et à MM. les ministres de la Justice et des Finances. Cette pétition contient des propositions de proportionnalité des frais, de modification de la procédure et d'extension de réformes aux partages et liquidations judiciaires, dans des termes, sinon semblables, au moins analogues à ceux de notre mémoire. Nous regrettons de n'avoir pas connu ce document plus tôt, nous l'eussions cité dans notre exposé. Néanmoins cette coïncidence vient à l'appui de l'intérêt qui s'attache à des appréciations et à des propositions venues de sources différentes et surtout d'hommes pratiques. Bien que dans les détails les propositions diffèrent, et que les nôtres nous semblent dans l'état actuel, plus simples et plus facilement applicables; nous tenons à rendre hommage à M. Martin Martinière et à constater à son profit la date de sa pétition du 22 juin 1876, antérieure non pas à nos propositions de réforme de la procédure, mais à nos combinaisons pour la répartition proportionnelle des droits et frais, réclamée par l'opinion publique, comme nous l'avons constaté aux dernières lignes de la page 6 ci-dessus.

LES MEMBRES DU COMITÉ.

MEMBRES TITULAIRES.

FOURNIER, ✳, A ⚜, notaire honoraire, à La Rochelle (Charente-Inférieure), ancien président de la Chambre des notaires de La Rochelle, membre du Conseil général de la Charente-Inférieure, ancien membre de la Chambre des députés, *président du Comité* (Cour de Poitiers).

BESNUS, notaire à Conflans-Sainte-Honorine (Seine-et-Oise), ancien président de la Chambre des notaires de Versailles, *vice-président du Comité* (Cour de Paris).

DUVAL, ✳, ancien notaire à Vernon (Eure), ancien président de la Chambre des notaires d'Evreux, ancien président du Comité, *président honoraire du Comité* (Cour de Rouen).

BAGET, A ⚜, notaire honoraire à Neauphle-le-Château (Seine-et-Oise), ancien président de la Chambre des notaires de Rambouillet, ancien président du Comité, *président honoraire du Comité* (Cour de Paris).

LECHAT, ✳, notaire honoraire à Villiers-le-Bel (Seine-et-Oise), ancien président de la Chambre des notaires de Pontoise, ancien membre du Conseil général de Seine-et-Oise, *trésorier du Comité* (Cour de Paris).

NIOBEY ✳, notaire honoraire à Bayeux (Calvados), ancien président de la Chambre des notaires de Bayeux, membre du Conseil général du Calvados, président de la Commission départementale (Cour de Caen).

BOISCOURBEAU, notaire à Nantes (Loire-Inférieure), président de la Chambre des notaires de Nantes (Cour de Rennes).

BOUGÈRE, notaire à Angers (Maine-et-Loire), ancien président de la Chambre des notaires d'Angers (Cours d'Angers).

LORIN, notaire à Savigny-sur-Orge (Seine-et-Oise), ancien président de la Chambre des notaires de Corbeil (Cour de Paris).

LAFFRAT, notaire honoraire à Villeneuve-sur-Yonne (Yonne), ancien président de la Chambre des notaires de Joigny (Cour de Paris).

DOURNEL, notaire à Amiens (Somme), président de la Chambre des notaires d'Amiens (Cour d'Amiens).

DAVELUY, ancien président de la Chambre des notaires d'Étampes (Cour de Paris).

LARARD, ancien notaire à Firminy (Loire), arrondissement de Saint-Étienne (Cour de Lyon).

PISSOT, notaire à Doulevant (Haute-Marne), président de la Chambre des notaires de Vassy (Cour de Dijon).

HILLAIRET, notaire à Angoulême (Charente), président de la Chambre des notaires d'Angoulême (Cour de Bordeaux).

DIDIER, notaire honoraire à Alger, ancien président du Comité des notaires du département d'Alger (Cour d'Alger).

CONDAMY, notaire à la Rochelle (Charente-Inférieure), ancien président de la Chambre des notaires de la Rochelle (Cour de Poitiers).

MASSELIN, notaire honoraire à Rouen (Seine-Inférieure), ancien président de la Chambre des notaires de Rouen (Cour de Rouen).

GIBERT, notaire à Sedan (Ardennes), président de la Chambre des notaires de Sedan (Cour de Nancy).

ROLLIER, ancien notaire à Gannat (Allier), ancien président de la Chambre des notaires de Gannat (Cour de Riom).

MEMBRES HONORAIRES.

Sénateurs.

GAZAGNE, notaire à Remoulins (Gard), président de la Chambre des notaires d'Uzès, sénateur du Gard (Cour de Nimes).

PAJOT, notaire honoraire à Lille (Nord), ancien président de la Chambre des notaires de Lille, sénateur inamovible (Cour de Douai).

Députés.

BERNIER, notaire honoraire à Orléans (Loiret), ancien président de la Chambre des notaires d'Orléans, député du Loiret (Cour d'Orléans).

LANEL, notaire honoraire à Dieppe (Seine-Inférieure), ancien président de la Chambre des notaires de Dieppe, député de la Seine-Inférieure (Cour de Rouen).

PLESSIER, ancien notaire à la Ferté-Gaucher, arrondissement de Coulommiers (Seine-et-Marne), député de Seine-et-Marne (Cour de Paris).

Notaires honoraires, anciens membres titulaires du Comité.

GUSTAVE BARDY, notaire honoraire, ancien président et délégué de la Chambre des notaires de Limoges (Haute-Vienne), ancien avocat général près les Cours d'appel d'Alger et de Poitiers, doyen des fondateurs du Comité (Cour de Limoges).

DESROUSSEAUX, O ✳, notaire honoraire à Lille (Nord), ancien président de la Chambre des notaires de Lille, juge honoraire au tribunal civil de Lille, membre du Conseil général du Nord (Cour de Douai).

MARCEL, ✳, 1 ○, notaire honoraire au Havre (Seine-Inférieure), ancien président de la Chambre des notaires du Havre (Cour de Rouen).

NOTTIN, ✳, notaire honoraire à Choisy-en-Brie (Seine-et-Marne), ancien président de la Chambre des notaires de Coulommiers (Cour de Paris); à Paris, rue de Chabrol, 65, et à Coulommiers (Seine-et-Marne).

DAMOYE, notaire honoraire à Nemours (Seine-et-Marne), ancien président de la Chambre des notaires de Fontainebleau (Cour de Paris).

MOREAU, notaire honoraire à Saint-Omer (Pas-de-Calais), ancien président de la Chambre des notaires de Saint-Omer (Cour de Douai).

ROUSSEAU, notaire honoraire à Dreux (Eure-et-Loir), ancien président de la Chambre des notaires de Dreux (Cour de Paris).

MAIREAU, notaire honoraire à Reims (Marne), ancien président de la Chambre des notaires de Reims (Cour de Paris).

VILLIERS, ✳, A ○, notaire honoraire à Clamecy (Nièvre), ancien président de la Chambre des notaires de Clamecy (Cour de Bourges).

BRAINE, notaire honoraire à Arras (Pas-de-Calais), ancien président de la Chambre des notaires d'Arras (Cour de Douai).

DESMAZIÈRES, notaire honoraire à Armentières (Nord), ancien président de la Chambre des notaires de Lille (Cour de Douai).

LE SECRÉTAIRE GÉNÉRAL.

PH. SALMON, A ○, avocat, rue Le Peletier, 29, à Paris.

PARIS. — IMP. CHARLES SCHLAEBER, 267, RUE SAINT-HONORÉ